Sandra Grimm

Ein kleines Pony wird groß

Mit Illustrationen von Julie Sodré

ellermann

Dieses Fohlen heißt Jolanda. Wir werden es beim Großwerden begleiten.

Jolanda steht mit ihrer Mutter auf der Weide.

Ein kleines Pony ist geboren

Noch vor wenigen Stunden trug die Mutter ihr Fohlen, so nennt man ein kleines Pony, in ihrem Bauch. Dann wurde das Fohlen geboren und nun liegt es erschöpft im Gras. Seine Mutter, die Stute, leckt ihm erst das Gesicht und dann das Fell sauber. Damit hilft sie ihrem Fohlen zu atmen und sagt ihm, dass es aufstehen soll. Für kleine Ponys, die in der Natur geboren werden, ist es sehr wichtig, dass sie schon bald mit ihrer Mutter weiterziehen können. Denn so kann ihnen kein Feind gefährlich werden. Dieses Fohlen wohnt aber auf einer Weide und manchmal im Stall. Dennoch bleibt es immer dicht bei der Mutter. Schon bald trinkt es Milch aus den Zitzen der Stute.

Wie ein Menschenbaby hat ein Fohlen zuerst keine Zähne. Aber schon nach zehn Tagen bekommt es die ersten Milchzähne.

Dieses Fohlen trinkt bei seiner Mutter.

Eine Stunde nach der Geburt steht das Fohlen schon wackelig auf seinen Beinen.

Ach, so ist das!

Viele Ponys werden nachts geboren. Das war besonders wichtig, als Pferde noch wild lebten. Im Dunkeln waren sie vor Raubtieren besser geschützt.

Wie groß und schwer ist ein Pony?

Ponys sind schon als Fohlen sehr kräftig und recht unempfindlich gegen kaltes Wetter. Deshalb stehen sie auch gleich mit der Mutter auf der Weide. Jolanda freut sich, dass noch mehr Ponys mit ihr auf der Wiese sind. Ponys fühlen sich nur wohl, wenn sie in einer kleinen Herde zusammenleben können.

Jolanda läuft gerne mit den anderen Fohlen um die Wette oder spielt mit ihnen. Jolanda ist schon gewachsen. Bei der Geburt wog sie 50 Kilo, als ausgewachsenes Pony wird sie 150 bis 300 Kilo schwer sein. Andere Ponyrassen können viel mehr wiegen: Manche Islandpferde haben ein Gewicht von bis zu 500 Kilo.

Ach, so ist das!

Shetlandponys sind für ihre Größe eine sehr starke Ponyrasse. Ein Pony, das 200 Kilo wiegt, kann 300 Kilo ziehen – für kurze Wege sogar 600 Kilo!

Jolanda und ihre Mutter auf der Weide.

Regen und Kälte machen Shetlandponys nichts aus.

Nur selten werden Zwillingsponys geboren.

Ach, so ist das!

Wie unterscheidet man ein Pony von einem Pferd? Das ist gar nicht so schwer. Ponys sind eigentlich auch Pferde. Aber Tiere unter einer Schulterhöhe von 148 Zentimetern nennt man Ponys, alle größeren Tiere heißen Pferde.

Ponys leben am liebsten in Gruppen zusammen.

Man misst die Größe eines Ponys am obersten Punkt der Schulter: Man hält einen Stock daneben und misst die Schulterhöhe.

Was frisst ein Pony?

Jolanda trinkt gern Milch bei ihrer Mutter. Aber schon bald frisst sie auch wie die großen Ponys auf der Weide. Das Gras wird mit Lippen und Zähnen abgerupft und dann im Maul zermalmt. Jolanda muss das erst noch ein wenig üben. Damit die Ponys gesund bleiben und genug zu fressen haben, bekommen sie zusätzlich Pellets. Das sind kleine gepresste Futterstücke. Ponys futtern auch gern Hafer, Karotten oder Äpfel. Die fressen sie dir sogar aus der Hand!
Ein Pony muss viel trinken. Und wenn es nur auf der Weide steht und meistens Gras frisst, braucht es extra Salz, damit es nicht schlapp und krank wird. Dafür gibt man ihm einen Salzleckstein. Davon leckt es genau so viel, wie es braucht.

Jolanda frisst Gras auf der Weide.

Dieses Islandfohlen leckt an einem Salzleckstein.

Ach, so ist das!
Ein Pferd trinkt bis zu zehn Liter Wasser am Tag, das ist ein großer Eimer voll.

Die Stute und ihr Pony trinken an einem flachen Flussufer.

Über eine Karotte freuen sich alle Ponys und Pferde.

Gib einem Pony oder Pferd keinen Würfelzucker oder Schokolade, das bekommt ihm gar nicht gut.

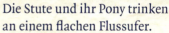

Shetlandponys haben ein warmes Fell. Sie bleiben das ganze Jahr über im Freien.

Jolanda spielt gerne im Schnee.

Welche Ponyrassen gibt es?

Es ist nun Winter geworden. Viele Ponys stehen jetzt die meiste Zeit im Stall. Sie brauchen aber auch Auslauf, damit es ihnen gut geht! Jolanda ist ein Shetlandpony. Sie gehört zu den Ponyrassen, die das ganze Jahr über draußen bleiben können, sogar im kalten Winter. Auch Islandpferden macht das schlechte Wetter nichts aus. Sie kommen von der Insel Island, wo es oft sehr kalt ist. Es sind kleine Pferde, die aber besonders kräftig sind und einen eigenen Willen haben. Bekannte Ponyrassen sind auch die Welshponys aus England, die Connemaraponys aus Irland oder die Deutschen Reitponys.

Welshponys sind oft Schimmel. Sie können gut traben und springen.

Dieses Connemarapony ist ein Apfelschimmel.

Das Deutsche Reitpony wurde extra zum Reiten für Kinder gezüchtet.

Ach, so ist das!

Für die Fellfarben von Ponys gibt es besondere Namen. Man sagt nicht: Ein Pony ist rotbraun, sondern es ist ein Fuchs. Ein schwarzes Pony heißt Rappe, ein weißes Schimmel, ein braunes Brauner. Und ein Pony mit Flecken nennt man Schecke.

In dieser Isländerherde siehst du zwei Füchse, zwei Rappen und einen Schecken.

Jolanda tollt am liebsten auf der Weide herum.

Auch Ponys müssen zum Zahnarzt.

Jolanda mit verstrubbelter Mähne.

Wie pflegt man ein Pony?

Jolanda ist nun ein richtig schönes, ausgewachsenes Pony. Sie ist kräftig und gesund. Damit das so bleibt, muss sie gut gepflegt werden. Wer ein Pony hat, hat viel zu tun. Nach dem Reiten müssen Fell und Hufe gesäubert werden. Danach wird das Pony gestriegelt: Dazu wird sein Fell mit einer Bürste lange und kräftig geputzt. Dabei muss man darauf achten, dass sich keine Insekten oder andere Tiere im Fell befinden. Sie können das Pony krank machen. Wichtig ist auch, dass das Pony regelmäßig vom Tierarzt untersucht wird. Er guckt, ob die Zähne gesund sind. Und er impft das Pony gegen Krankheiten. Wenn ein Pony doch einmal krank wird, kann der Arzt ihm Medikamente oder eine Spritze geben, damit es schnell wieder ganz gesund wird.

Die Nahrung des Ponys

das Heu

die Äpfel

das Wasser

die Pellets

die Haferflocken

die Möhren

der Salzleckstein

Die Gangarten von Ponys und Pferden

der Schritt

der Trab

der Galopp

der Tölt

der Rennpass

Die Fellpflege ist auch ein Zeichen für Zuneigung.

Ponys mögen es, gebürstet zu werden.

Ach, so ist das!

Ponys, die das ganze Jahr über auf der Weide stehen, übernehmen oft selbst die Fellpflege. Das gegenseitige Säubern des Fells fördert auch den Zusammenhalt der Herde.

Zwei Islandpferde pflegen sich gegenseitig das Fell.

Ach, so ist das!

Das Alter eines Pferdes kann man an seinem Gebiss erkennen. Auch die Form des Kopfes und des Körpers geben Hinweise. Das können aber nur Fachleute wirklich erkennen.

Den Schwanz eines Ponys nennt man Schweif.

Ein Fohlen hat zwischen 24 und 28 Milchzähne, ein ausgewachsenes Pony hat 35 bis 44 Zähne.

Hufeisen müssen dem Pony gut passen, genau wie dir deine Schuhe.

Wie erkennt ein Pony seine Umgebung?

Jetzt ist Jolanda ein Jahr alt. Sie kann schon prima galoppieren und springen. Wenn Ponys nicht nur auf der Weide stehen, sondern auch auf Wegen oder Straßen geritten werden, bekommen sie Hufeisen. Die schützen ihre Füße wie Schuhe. Die Hufeisen werden an die Hufe genagelt. Das tut einem Pony aber nicht weh, genauso wenig, wie dir das Nägelschneiden wehtut.

Wenn Jolanda etwas hört, dreht sie sich immer neugierig danach um. Ponys hören nämlich sehr gut.

Sie haben auch eine feine Nase, mit der sie Wasser und Futter riechen können.
Und sie können erschnuppern, ob jemand Angst hat. Jolanda entdeckt ihre Umgebung auch gern mit den Lippen. Damit tastet sie alles ab.

Sehen können Ponys viel mehr als Menschen. Sie haben die Augen auf der Seite des Kopfes, dadurch haben sie immer im Blick, was um sie herum geschieht. Dafür können sie Entfernungen – anders als Menschen – nur schwer einschätzen.

Ponys sind sehr neugierig und beobachten ihre Umgebung genau.

Ponys können mit ihren Lippen viel ertasten.

Dieses Pony hat etwas Spannendes entdeckt.

Jedes Pony hat eine besondere Persönlichkeit

Ponys sind wie alle Pferde ziemlich ängstlich. Wenn sie Gefahr wittern, rennen sie davon. Man sagt dazu, sie sind Fluchttiere. Ponys erschrecken vor vielen Dingen, auch vor plötzlich davonspringenden Kaninchen, vor Hundegebell oder lauten Autos. Eine besondere Eigenschaft von Ponys ist auch, dass sie sehr neugierig und ziemlich verfressen sind. Eine leckere Mohrrübe stibitzen sie dir auch schon mal aus der Tasche!

Wenn Ponys sich freuen oder Angst haben, wiehern sie. Wenn sie aufgeregt sind, schnauben sie. Manche knirschen sogar mit den Zähnen. Ponys unterhalten sich auch ohne Laute: Angelegte Ohren zeigen, dass ein Pony ängstlich ist, Ohren nach vorn bedeutet: Ich bin aufmerksam. Steht ein Ohr nach vorn und eines nach hinten, weißt du, dass es angespannt oder neugierig ist. Auf jeden Fall hat es etwas Spannendes entdeckt.

Das Pony hat beide Ohren nach vorne gestellt – es hat etwas Interessantes gehört.

Dieses Pony schnuppert aufmerksam.

Ach, so ist das!

Wenn Ponys langsam gehen, sagt man, sie gehen im Schritt. Etwas schneller ist der Trab, und wenn sie rennen, nennt man das Galopp.

Jolanda trabt gerne mit anderen Ponys über die Weide.

Auch Fohlen können schon galoppieren.

Jonas Junge vom Islandpferdehof Vindholar beim Tölten.

Islandpferde können noch auf zwei andere Arten gehen. Die eine nennt sich Tölt und kann langsam oder schnell sein. Dabei zieht das Pony lustig die Füße hoch. Die andere Gangart heißt Rennpass. Er ist sehr schnell und recht anstrengend für ein Pony.

Das Fohlen muss sich noch oft ausruhen.

Wie wird ein Fohlen geboren?

Jolandas Mutter soll dieses Jahr wieder ein Fohlen bekommen. Dafür bringt der Besitzer sie auf die Weide zum Hengst. Die beiden beschnuppern sich und scheinen sich zu mögen. Bald darauf paaren sie sich.
Nun ist Jolandas Mutter trächtig, das heißt, sie hat ein Fohlen im Bauch. Es braucht 340 Tage, das ist fast ein Jahr, bis es geboren wird.
Die Geburt kann mehrere Stunden dauern. Erst sieht man die Vorderhufe des Fohlens, denn es wird mit den Füßen voran geboren. Dann kommen auch der Kopf, der Körper und die Hinterbeine heraus. Das Fohlen liegt im Gras. Kurz danach steht es auf und saugt Milch bei seiner Mutter. Und schon bald kann Jolanda mit ihrem Geschwisterchen über die Wiese toben.

Die Islandstute hat einen ganz dicken Bauch, weil sie bald ihr Fohlen bekommt.

Ach, so ist das!

Ein weibliches Pony nennt man Stute. Ein männliches Pony heißt Hengst oder Wallach. Ein Hengst kann Kinder zeugen. Ein Wallach wurde vom Arzt operiert und kann das nicht mehr.

Das ist der Vater von Jolandas Geschwisterchen.

Manche Fohlen haben eine andere Fellfarbe als ihre Mutter.

Wie wird ein Pony zum Reitpony?

Viel Zeit ist vergangen und Jolanda ist jetzt schon zweieinhalb Jahre alt. Sie ist alt genug, um zu einem Reitpony ausgebildet zu werden. Dafür genügt es nicht, dass ein Pony traben kann. Zuerst einmal muss es sich an den Sattel und an die Trense gewöhnen. Die Trense ist eine Art Leine mit einem Metallstück, das im Maul des Ponys liegt.

Zieht man am Zügel, spürt das Pony dies im Maul und weiß, wohin es laufen soll. Jolanda muss lernen, dass man dem Reiter gehorcht. Dafür gibt es bestimmte Zeichen, die Reiter und Pony kennenlernen: Wenn der Reiter seine Füße an den Bauch des Ponys drückt, sagt er ihm damit: Lauf los! Wenn er sanft am Zügel zieht, heißt das: Halt!

Jolanda galoppiert gern über die Wiese.

Ach, so ist das!
Ponys galoppieren gerne. Wenn sie alt genug sind, lernen sie, dabei auch einen Reiter zu tragen.

Dieses Pony weiß schon, wie man einen Sattel trägt.

Wusstest du schon ...?

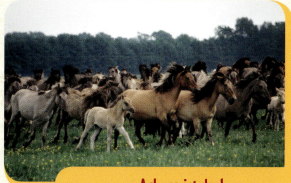

Ach, so ist das!
Bei uns gibt es nur noch sehr wenige Wildpferde, die frei in der Natur leben. Diese Dülmener Wildpferde leben in einem Naturschutzgebiet in Westfalen und bekommen fast nie einen Menschen zu sehen.

Ach, so ist das!
Die Fohlen von Schimmelstuten sind bei der Geburt immer dunkel oder fast schwarz. Erst im Laufe mehrerer Jahre werden sie weiß.

Ach, so ist das!
Zebras sind eng mit Ponys und Pferden verwandt. Sie leben in Afrika und du erkennst sie an den schwarzen und weißen Streifen.

Ponys im Tierpark Hagenbeck

Das ist Mozart, ein Shetlandpony, das im Tierpark Hagenbeck lebt. Dort kannst du Mozart und seine Herde und auch die Rieseneselstute Olivia im großen Haustierpark besuchen. Im Sommer kannst du den Tierpark Hagenbeck übrigens sogar von Mozarts Rücken aus erkunden! Auch Asterix, Obelix, Dusty, Scotty und Balou freuen sich auf einen Ausritt mit dir.

Hast du schon erkannt, dass Mozart ein Fuchs ist, genau wie Jolanda?

Gutschein für den Tierpark Hagenbeck

* Möchtest du den Tierpark Hagenbeck in Hamburg besuchen?
* Kommst du in Begleitung eines Erwachsenen, der den vollen Eintrittspreis zahlt?
* Bist du zwischen vier und sechzehn Jahren alt?*

✓ Dann lege dieses Maxi-Buch an der Kasse vor und du erhältst eine Ermäßigung von 5,- EUR auf den Eintrittspreis! Dieser Gutschein ist gültig bis zum 31.12.2015.

Stempel
Tierpark Hagenbeck

* Für Kinder unter vier Jahren ist der Eintritt frei.